Seelische Balance durch Synbalance®

VON HILDEGARD DIEBEL

Eine ganz andere Methode zur Behandlung seelischer Traumata

Bibliografische Information der Deutschen Nationalbibliothek:
Die Deutsche Nationalbibliothek verzeichnet diese Publikation
in der Deutschen Nationalbibliografie; detaillierte bibliografische
Daten sind im Internet über https://portal.dnb.de/ abrufbar.

© 2020 Hildegard Diebel
Satz, Umschlaggestaltung, Herstellung und Verlag:
BoD – Books on Demand, Norderstedt

ISBN: 978-3-7526-0084-1

Seelische Balance durch Synbalance®

**Seelische Balance
durch Synbalance®**

Vorwort

Seit 1995 arbeite ich als Heilpraktikerin. In meiner Praxis erschienen unter den Patienten immer wieder Kinder mit Verhaltensauffälligkeiten und Lernschwächen. Mir fiel auf, dass viele von ihnen im familiären und schulischen Bereich großen Belastungen ausgesetzt waren. Deshalb beschäftigte ich mich mit Möglichkeiten, darauf Einfluss zu nehmen, und entwickelte eine Therapie, die ich »Synbalance®« nannte und deren Namen ich schützen ließ (s. Kapitel 9).

Mit dieser Behandlungsmethode habe ich vielen Kindern – aber auch Erwachsenen – das Leben erleichtern können. Deshalb möchte ich meine Methode weiterverbreiten und erreichen, dass noch mehr Menschen geholfen wird.

Im Anhang habe ich ausgewählte, natürlich anonymisierte Fallgeschichten dargestellt. Eine davon handelt von einem Achtjährigen mit Zwangshandlungen, der vor und nach der ersten Behandlung in meiner Praxis je ein Bild gemalt hat. Die Unterschiede in seinen Gefühlen sind darauf deutlich erkennbar, wie Sie auf der Titelseite sehen können.

Zum Grundkonzept der Therapie:

Wir alle haben Überzeugungen, die von unserem Umfeld und unserer Erziehung geprägt werden und einen großen Teil unserer Persönlichkeit ausmachen. Durch positive Glaubenssätze können wir große Dinge bewirken und ohne Selbstzweifel leben. Dies ist eine allbekannte Tatsache, und es gibt viele Beispiele dafür, dass ein

Mensch durch eine feste positive Überzeugung Ungeahntes schaffen kann.

Anders ist es mit negativen Selbstwertgefühlen. Sie sind weniger präsent, weil es sich bei ihnen oft um unbewusste Überzeugungen handelt. Trotzdem wirken sie massiv auf uns ein und behindern uns in unserer Entfaltung. In der Therapie Synbalance® gilt es, negative Glaubenssätze durch entsprechende positive, sogenannte »Affirmationen«, zu ersetzen.

Weil viele der unbewussten seelischen Traumata aus vorgeburtlichen und frühkindlichen Ereignissen entstehen, werden in den Kapiteln 6 und 7 entsprechende Theorien und Forschungsergebnisse vorgestellt.

1   Die Probleme

Menschen haben depressive Verstimmungen, bewusste oder unbewusste Ängste, Verspannungen (wie Beckenschiefstand oder Rückenschmerzen), Tics oder andere Schwächen, unter denen sie leiden. Bekannte Symptome frühkindlicher Traumata sind zum Beispiel Schlafstörungen, exzessives Weinen oder Schreien und Ablehnung der Mutter. Später können Konzentrationsschwächen, Ängste, Tics und Rechen- oder Lese- und Rechtschreibschwächen auftreten.

2 Ursachen

Für die genannten Probleme sind meist seelische Störungen und daraus entstandene negative Überzeugungen die Ursache.

Traumatische Ereignisse können einem Menschen jederzeit zustoßen und ab einem gewissen Alter kann man sie beschreiben und dadurch zu ihrer Überwindung beitragen. Seit etwa 1924 (Gustav H. Graber, 1893 – 1982) gibt es Forschungen über den Einfluss vorgeburtlicher Belastungen des Menschen auf dessen Schicksal (siehe Kapitel 7). Vielfach sind es traumatische Ereignisse aus dieser unbewussten Zeit, über die der Patient nicht sprechen kann und die heute als Ursache nachhaltiger seelischer Störungen erkannt werden. Deshalb beschäftigt sich Synbalance® bevorzugt mit dieser Lebensphase.

Aber es gibt natürlich auch psychisch sehr belastende Ereignisse, die einem älteren Kind, Jugendlichen oder Erwachsenen zustoßen, über die es bzw. er nicht sprechen kann, will oder soll und die deshalb einer klassischen Gesprächstherapie nicht zugänglich sind.

3   Ein Lösungsansatz

Es gibt bewährte, wissenschaftlich anerkannte Vorgehensweisen, mit denen Psychologen bei seelischen Problemen helfen können. Diese Therapien erfordern eine verbale Verständigung und zumeist eine langwierige Behandlung, die manchmal auch mit erneuter schmerzlicher Auseinandersetzung mit den Ursachen verbunden ist. Sie können aber daran scheitern, dass der Patient verweigert, sich erneut der Vorstellung des belastenden Ereignisses auszusetzen.

Ein Kleinkind, dessen Seele schon vorgeburtlich Schaden genommen hat, kann aufgrund der Entwicklungsphase, in der es sich befand, eine Hilfe diese Art schwerlich erhalten. Aber sein Problem belastet das Kind in seiner Entwicklung und prägt sein weiteres Leben negativ.

Synbalance® ist eine Methode, die weder eine Gesprächstherapie noch Wiederholungen traumatischer Situationen erfordert. Sie nutzt die verborgenen Signale des Körpers und die Beeinflussbarkeit des Gefühlslebens über das limbische System, den zentralen Teil des Gehirns.

Durch diese Vorgehensweise kann Synbalance® sogar bei Säuglingen erfolgreich angewendet werden.

Die Behandlung von seelischen Traumata mit Synbalance® zeigt oft schnelle Erfolge. Jedenfalls berichteten viele der Patienten nach der ersten Behandlung, dass sich ihr Problem bereits verringert habe, bzw. lassen dies deutlich erkennen (siehe beigefügte Bilder und anhängende Fallgeschichten in Kapitel 11).

4   Der Ablauf einer Synbalance®-Behandlung

Die Anamnese zu Beginn einer Behandlung umfasst Fragen nach:

– dem Anlass der Konsultation
– körperlichen Beschwerden
– der Körperhaltung und Augenstellung des Patienten
– seine Situation in Familie, Schule usw.
– dem Schwangerschaftsverlauf der Mutter

Um den Erfolg der ersten Behandlung zu veranschaulichen, bitte ich den Patienten, vor und nach der ersten Behandlung ein beliebiges Bild zu malen.

Mittels einer Pulstastung, die in Kapitel 5.3 erläutert wird, werden die Konfliktbereiche ermittelt, die zu behandeln sind. Dann wird das Unterbewusstsein durch passende »Affirmationen« (positive Glaubenssätze) beeinflusst, welche durch gesteuerte Augenbewegungen im limbischen System verankert werden. So wird der Patient nachhaltig positiv bestärkt und entwickelt die Fähigkeit zur Überwindung seiner Probleme.

5 Anerkannte Grundlagen der Synbalance®-Methode

5.1 Das limbische System und das Zusammenspiel der Hirnstrukturen bei der Verankerung von Gefühlen und Selbstüberzeugungen

Betrachten wir unser Gehirn, so stellen wir fest, dass es außer der Hirnrinde, die durch ihre Windungen am ehesten auffällt, ein darunterliegendes System gibt, das in den letzten Jahrzehnten gründlicher erforscht wurde: das sogenannte »limbische System«. Es besteht aus einer Reihe von genau abgegrenzten Strukturen, die eigene Färbungen aufweisen, und hat zahlreiche Verknüpfungen mit verschiedenen Zentren der Großhirnrinde sowie den Zentren, die unsere körperlichen Überlebensfunktionen steuern (wie Atmung, Kreislauf, Herzrhythmus und Blutdruck). Außerdem ist das limbische System für unseren Appetit, Schlaf und die Libido verantwortlich und beeinflusst die Ausschüttung von Hormonen sowie die Steuerung des Immunsystems.

In dieser Hirnstruktur des limbischen Systems findet die gefühlsmäßige Anreicherung des Erlebten, die Erregung durch positive und negative Gefühle, die Bereitstellung von Bewegungen (durch eine sogenannte »Starterfunktion«) und Wesentliches zur Steuerung der Blickbewegungen und der Koordination der Höreindrücke statt. Außerdem enthält es die wichtigsten Strukturen (die beiden Hippocampi), über die der Übergang von kurzzeitigen Gedächtniseindrücken zum Langzeitgedächtnis erfolgt. Hier kreuzen sich die Nervenbahnen, welche die Tätigkeit der beiden Hirnhälften verbinden. Die eine, in der Regel die linke, reguliert willentlich gesteuerte Handlungen sowie sprachliches und abstraktes Denken, während die rechte Hälfte für räumliches Vorstellungsvermögen, Phantasievorstellungen und die subjektive Wahrnehmung von Zeit verantwortlich ist. Das limbische System ist der stammesgeschichtlich älteste Teil des menschlichen Gehirns.

David Servan-Schreiber erklärt in seinem Buch »Die neue Medizin der Emotionen«, Seite 19 (Goldmann-Verlag, München 2004):

>*»In der Tat funktioniert das emotionale Gehirn oft unabhängig vom Neokortex. Sprache sowie Wahrnehmung und Erkennung haben nur begrenzten Einfluss darauf: Man kann einem Gefühl nicht befehlen, stärker zu werden oder zu verschwinden, so wie man seinem Verstand befehlen kann, zu sprechen oder still zu sein.«*

und auf Seite 36:

>*»Aufgabe des limbischen Gehirns ist es offenbar, die verschiedenen Funktionen im Gleichgewicht zu halten, ...«*

und weiterhin:

>*»Das emotionale Gehirn kennt daher den Körper viel besser als das kognitive Gehirn. Aus diesem Grund kommt man oft leichter über den Körper als über die Sprache an die Gefühle heran.«*

In traumatischen Lebenssituationen kann eine Harmonisierung zwischen dem Großhirn und seiner sprachlichen und verstandesgesteuerten Tätigkeit und der Gefühlswelt und ihrer Steuerung durch das limbische System nicht mehr erreicht werden.

Daraus folgt, dass wir über die Sprache allein unsere Gefühle nicht beeinflussen können. Dabei sind sie es, die unserem Leben einen Sinn geben. Weder Begabung noch Ruhm, noch Macht und Geld machen uns glücklich, sondern unsere inneren, durch das Gerüst der Selbstüberzeugungen geordneten Gefühle bestimmen, ob wir glücklich sind und einen Sinn im Leben sehen.

Wenn wir aber über die Sprache nicht an unsere Gefühle herankommen, welche Techniken gibt es, um negative Empfindungen zu verändern?

Hierzu müssen wir einen Weg wählen, der die im limbischen System des Gehirns kodierte Gefühlswelt anspricht. Dies ist die Aufgabe von Synbalance®.

5.2 Augenbewegungen

Die Koordination der Gefühlseindrücke mit sprachlichen, motorischen und gedanklichen Eindrücken und den Gedächtnisinhalten erfolgt Nacht für Nacht im Laufe der vier bis fünf REM-Schlaf-Phasen. Dies sind Phasen des Schlafes, in denen ein Rollen der Augäpfel unter den Augenlidern (»Rapid Eye Movements«) zu beobachten ist. Dabei findet eine Auswertung des am Tage Erlebten statt, was wir oft als Traumgeschehen wahrnehmen. Bei gelingender Verarbeitung nimmt das Erlebte sogar eine räumliche Struktur an (wir »blicken durch«) und kann auf diese Weise ins Langzeitgedächtnis abgelegt und später wieder abgerufen werden. Fehlt der REM-Schlaf, so ist dies genauso gesundheitsbeeinträchtigend wie das Fehlen des gesamten Nachtschlafes. Daher führt einer der Wege zur Befreiung von negativen Gefühlen über die Koordination der Augenbewegungen, wie sie auf natürliche Art während der sogenannten REM-Schlaf-Phasen erfolgt.

Die bisher einzige psychologische Methode, die diesen Weg – vorzugsweise in der Behandlung von posttraumatischen Belastungsstörungen, z. B. von Rettungskräften, Polizisten und Soldaten – benutzt, ist das EMDR.

Servan-Schreiber berichtet über das EMDR (Eye Movement Desensitization and Reprocessing) in seinem Buch »Die neue Medizin der Emotionen« (Servan-Schreiber, David, Goldmann-Verlag, München 2004, Seite 106):

»EMDR wirkt vor allem, weil es zunächst die traumatische Erinnerung mit all ihren verschiedenen – visuellen, emotionalen, kognitiven und physischen (den körperlichen Empfindungen) Komponenten – aufruft und dann das ›adaptive System zur

Informationsverarbeitung‹ anregt, dem es bis dahin nicht gelungen ist, die störende Prägung zu ›verdauen‹.«

Und weiter:

»So, wie man bestimmte natürliche Heilmittel und Pflanzen, deren Fähigkeit zur Aktivierung der natürlichen Selbstheilungskräfte des Körpers (...) seit Jahrhunderten kennt, gelten die Augenbewegungen beim EMDR als natürlicher Mechanismus, der die Heilung nach einer psychischen Traumatisierung beschleunigt.«

Und auf Seite 107:

»Noch nach Jahren meiner Praxis mit EMDR bin ich überrascht von den Resultaten, die ich sehe. Andererseits verstehe ich gut, dass meine Psychiater- und Psychoanalytiker-Kollegen (wie auch ich anfangs) einer neuen und andersartigen Methode misstrauen. Doch wie kann man das Offensichtliche abstreiten, wenn es sich doch sowohl in meiner Praxis als auch in den zahlreichen Studien zeigt, die in den letzten Jahren veröffentlicht wurden? Ich kenne nur wenige Dinge in der Medizin, die so eindrucksvoll sind wie EMDR in Aktion.«

Prof. Hüther arbeitet selbst mit EMDR, macht aber darauf aufmerksam, dass EMDR in der Traumatherapie nicht angewendet werden könne und keine Hilfe sei, wenn wir im Mutterleib oder in der sprachlosen Zeit traumatisiert worden sind (Hüther, Gerald: *»Das Geheimnis der ersten neun Monate«*, Beltz-Verlag, Weinheim 2015). Denn solange wir unsere Empfindungen nicht gedanklich formulieren können, speichern wir auch keine bewusste Erinnerung und können deshalb nicht darüber sprechen.

5.3 Die Pulstastung

Um bei der Trauma-Behandlung das Unbewusste des Patienten ab-
zufragen, benutzt der Synbalance®-Therapeut die RAC-Pulstastung
(»Réflexe auriculo-cardiale«, Dr. Paul Nogier 1956), wie sie auch in
der Akupunktur verwendet wird. Dabei wird nicht die Pulsfrequenz,
sondern die sogenannte »Pulswelle«, also die Verlangsamung oder
Beschleunigung des Pulses und/oder die kurzzeitige Veränderung
der Pulsstärke, erfühlt. Diese dient in der Synbalance®-Therapie als
Signal des Unbewussten für die Auffindung von passenden positiven Aussagen aus einem umfangreichen Affirmationskatalog.

6 Die Entstehung von Traumata in der sprachlosen Zeit

Prof. Hüther von der Universität Göttingen postuliert, das Fundament des (Seelen-)Lebens werde bereits im Mutterleib gelegt in Form von Vertrauen in eigene Fähigkeiten, in die Fähigkeiten anderer (durch Bindung oder Liebe) und das Vertrauen in vorgestellte Kräfte (Hüther, Prof. Gerald: Vortrag beim Congress on Embryology, Nijmwegen 2002: The Psychological Importance of Pre- & Perinatal Life.).

Die empfangende Frau ist biologisch bereits unmittelbar nach der Einnistung der befruchteten Eizelle schwanger. Dabei verstreicht für sie in der Regel jedoch eine gewisse, nicht genau vorherbestimmbare Zeit, bis sie aus dem Feld ihrer Ahnungen und Empfindungen heraus eine Gewissheit über das Bestehen der Schwangerschaft gewinnt. Barbara Findeisen bezeichnet diese Phase als die der imaginären Beziehung zum Kind. Sie sagt dazu:

»Schon während dieser Zeit nimmt die Mutter Kontakt mit dem neuen Leben auf, indem sie mit ihrer Gefühlswelt die Schwangerschaft bejaht oder ablehnt. Dies geschieht unter Umständen, bevor sie die medizinische Bestätigung erhält.

Entsprechend empfindet das Ungeborene in der frühen Phase des Lebens im Mutterleib bereits, ob seine Mutter es liebt oder ablehnt, ob es erwünscht ist oder nicht, dass es ihrer Liebe und Zuneigung gewiss ist oder auch nicht. Es fühlt sich angenommen und behütet, es lebt in Resonanz mit ihr – oder auch nicht. Selbst wenn es nur aus einem kleinen Zellhäuf-

lein besteht, erkennt und verfestigt es innerlich bereits, ob es eine sichere Bindung zur Mutter aufbauen kann oder nicht.« [1] (Findeisen, Barbara: Vortrag »*The Psychological Importance of Pre- & Perinatal Life*« beim «*Congress on Embryology*« der ISPPM, in Nijmwegen 2002)

In dieser Zeit spürt das Kind auch, ob es allein ist oder einen Zwilling zur Seite hat.

In dem Buch »Ungewollte Kinder« (Herausgeber: Helga Häsing und Ludwig Janus, Rowohlt, Reinbek 1994) wird gesagt:

»Was die Mutter tut, fühlt, denkt, spricht, isst und trinkt, nimmt das Kind auf und verarbeitet es zu seinem Wachsen und Gedeihen. Ihr Gehen, Stehen, Liegen, ihre Liebe, Angst, Interessen und Kämpfe sind der Lebensraum des Kindes. Für das Ungeborene ist der Mutterleib das Universum. Hier formt sich die Einstellung zur Welt. Alle späteren Erfahrungen und Lebenseinstellungen ruhen hierauf wie ein Haus auf seinem Fundament.«

Ein Kind lebt neun Monate im Inneren seiner Mutter, in deren Kosmos der Gefühle – des Glücks, des Zweifelns und des Sorgens. Nimmt die Mutter die Schwangerschaft an und »holt« mit ihrer Gefühlswelt das kleine Zellhäuflein »ab«, so kann das Kind – laut obengenanntem Vortrag von Barbara Findeisen – bereits auf die gemeinsame Homöostase (Gleichgewicht der physiologischen Körperfunktionen) vertrauen und sich weiterentwickeln, indem es Erfahrungen von Wohlbefinden, Sicherheit und Geborgenheit verinnerlicht. Nimmt die Mutter dagegen keinen Kontakt mit dem

---

1   ISPPM: Internationale Gesellschaft für prä- und perinatale Psychologie und Medizin

Kinde auf, weil sie die Schwangerschaft nicht will oder ihre augenblickliche Situation sehr schwierig ist, dann bleibt das ungeborene Menschlein ständig damit beschäftigt, von sich aus gefühlsmäßigen Kontakt zu seiner Mutter zu suchen und verankert das Gefühl, hilflos und alleingelassen zu sein. Dies alles geschieht in einer Zeit, in der es noch nicht über bewusste Gedanken verfügt, um das Erlebte zu speichern und später ausdrücken zu können.

Bei meinen Patienten finde ich während der Synbalance®-Behandlung häufig Traumata aus dieser Lebensphase.

Die schwierigste und dramatischste Phase in der weiteren Entwicklung durchläuft das Kind mit der Geburt. Mit diesem Ereignis wird das Kind zum ersten Mal eine selbstständige Person. Zugleich beginnen die lebenswichtigen biologischen Funktionen wie Atmung, Verdauung und die Ausscheidungsfunktionen unabhängig vom mütterlichen Organismus zu funktionieren. Die Mutter bleibt zwar zunächst über vielfältige körperliche Zuwendung in der gemeinsamen Gefühlswelt mit dem Kind verbunden. Auch die getrennten körperlichen Funktionen bleiben noch für längere Zeit rhythmisch aneinander gekoppelt. Aber der weitere Erfahrungsschatz wird von nun an auf der Basis eigener organ-biologischer Vorgänge abgespeichert.

Der Impuls zur Geburt geht vom Gehirn des Ungeborenen aus. Der Geburtsverlauf kann dann mit großen Schwierigkeiten sowohl für das Kind als auch für die Mutter verbunden sein. Eine Reihe von Umständen kann zu Stresssituationen der Mutter, aber auch des Kindes, führen, mit der Folge, dass sich die entsprechenden Gefühle manifestieren. Hat sich bei dem Kind z.B. die Nabelschnur um den Hals gewickelt, können die Bewegungsabfolgen im Mutterleib nicht ohne Stress vollzogen werden. Verzögert sich der Geburtsvorgang, können sich lebensbedrohliche Gefühle einstellen und verinnerlichen. So kann das Kind in einem Schock geboren werden, was dazu führt, dass es die erlösende Geburt nicht wahrnimmt und sich bei Schwierigkeiten wie in der Überlebensphase bei der Geburt verhält. Im späteren Leben kann es zu panischen Reaktionen neigen, die für Außenstehende unerklärlich sind.

Die Vielzahl der Eindrücke im Mutterleib und bei der Geburt wird wie von einem Schwamm aufgenommen und verinnerlicht. Die erlebten Zustände werden aber nur in einer globalen und unmittelbaren Art und Weise gespeichert, ohne sprachlich strukturiert und abrufbar zu sein. Sie bleiben von nun an im unterbewussten Erfahrungsschatz des Kindes bestehen und können zu jeder Zeit auf das spätere Leben und Verhalten einwirken. Vergleichbar mit der Plazenta auf der biologischen Ebene, erfüllt die mütterliche Gefühlswelt eine nährende und schützende Funktion für die Psyche des ungeborenen Kindes. Sie bildet den Nährboden für das, was später als Überzeugungen über dessen eigenes Selbst verankert wird.

Das »Selbst« ist das Gerüst von Gedanken, in dem später die Gefühlseindrücke in gedanklich-sprachlicher Weise strukturiert und abgespeichert werden.

Waren die Gefühle der Mutter in der geschilderten Weise ablehnend, dann überwiegt die Angst. Neugier und Freiheit gehen verloren, und das Vernetzungsmuster der entstehenden Gehirnstrukturen wird auf Unsicherheit und Ängstlichkeit ausgerichtet. Kommt es in späteren Lebensphasen zu Konflikten, dann fehlt auf der Gefühlsebene ein starkes Fundament aus positiven Überzeugungen über das Selbst. Auch wenn wir uns dann auf der Verstandesebene über Ursachen und Bedingungen unserer Probleme bewusst sind, sind wir kaum in der Lage, unsere Überzeugungen über uns selbst zu ändern, wenn dafür der Erfahrungshintergrund fehlt.

Was können wir also tun, um unser inneres Gefühl in Bezug auf eine beschädigte Selbstüberzeugung tatsächlich und dauerhaft zu verändern?

7 Einzelheiten der Erforschung der prä-, peri- und postnatalen seelischen Schädigungen

7.1 Die Entdeckung des vorgeburtlichen Seelenlebens

Wann beginnt unser Leben? Schauen wir in unsere Geburtsurkunde, dann meinen wir, es zu wissen. Aber eigentlich müssten wir zu unserem Lebensalter noch neun Monate hinzufügen, denn unser Leben beginnt ja sofort nach der Einnistung der befruchteten Eizelle.

Erst seit kurzer Zeit haben wir die Möglichkeit, mithilfe der dreidimensionalen Ultraschallbilder das Kind im Mutterleib zu beobachten. Bis dahin waren wir auf Ahnungen und Vermutungen angewiesen. Einer der Pioniere auf dem Gebiet vorgeburtlicher Erfahrungen war Dr. Gustav H. Graber (1893–1982). Dieser berichtete bereits zu Zeiten von Freud über Phänomene vorgeburtlichen seelischen Erlebens, die er aufgrund eigener Erfahrungen und Analysen festgestellt hatte.

Seine Doktorarbeit mit dem Titel »Die Ambivalenz des Kindes« erschien bereits 1924. Zur gleichen Zeit veröffentlichte Otto Rank sein bekanntes Werk »Das Trauma der Geburt und seine Bedeutung für die Psychonanalyse« (Fischer-Verlag, Frankfurt 1988). Beide Forscher wurden aber von der psychoanalytischen Tradition ausgegrenzt, und vor allem Graber wurde nahezu vergessen. Alfons Reiter schreibt sinngemäß:

»Solche Ausgrenzungen erfolgen nicht nur auf Grund einer allgemeinen momentanen Abwehr allem Neuen gegenüber, sondern deren Ursachen sind natürlich aus der Psyche und Interessenlage des Betreffenden zu verstehen. Denn Erkenntnis-

konzepte und Theorien werden von Menschen entwickelt und sind eng mit der Biographie des Forschers verwoben. Handelt es sich um Beiträge zum Menschenbild, sind sie oft Ausdruck und Stationen der eigenen Persönlichkeitsentwicklung.« (Reiter, Alfons, Mattes-Verlag, Heidelberg, 2005: *»Vorgeburtliche Wurzeln der Individuation«*, S. 7).

Gustav H. Graber[2] schreibt:

»Die ursprüngliche, eigentliche Seele, die alles enthält und allverbunden ist, kann nur die intrauterine sein. Sie ist zutiefst unbewusst. Ich bezeichne sie als das unbewusste Selbst. Alle unsere wissenschaftlichen und psychotherapeutischen Bemühungen um den Menschen bleiben Stückwerk, wenn wir nicht endlich zu der Erkenntnis vorstoßen und den Mut haben, die Interaktion des vorgeburtlichen Lebens als den wesentlichen seelischen Bericht in der Biographie der Persönlichkeit aufzunehmen. Und da die vorgeburtliche Dual-Einheit zwischen Mutter und Kind für das Kind ein Leben in der totalen Geborgenheit, der gleichmäßigen Wärme und der automatischen, mühelosen Ernährung bedeutet, wirkt dieses unbewusste paradiesisch-harmonische Leben nachgeburtlich fortdauernd in uns weiter und lenkt und drängt uns zum bewusst-einheitlichen Leben.«

---

2   Nicht nur Graber war von der Freud'schen Lehre überschattet, sondern auch Otto Rank, der anfangs die Wiener Schule leitete und ein großer Verfechter Freuds war. Als Rank sich mit der vorgeburtlichen Thematik auseinandersetzte, fiel er in Ungnade und ging später nach Norwegen und anschließend in die USA. Bis heute wird in der Tiefenpsychologie das Erleben im Mutterleib oft ignoriert und abgelehnt, weil immer noch die Freud'sche Lehre vorherrschend ist.
Freud war der Ansicht, dass es keine Erinnerung an die Frühzeit unseres Lebens geben könne, weil wir in dieser Zeit kein Gedächtnis hätten. In der Wissenschaft bezeichnete man das noch nicht ausgebildete Gehirn als Gehirnmaterie. So nahm man an, dass die Schmerzempfindlichkeit noch nicht ausgebildet sei, weshalb Neugeborene, wenn es erforderlich war, ohne Schmerzmittel behandelt wurden.

(Graber, Gustav H., Pinel-Verlag, Berlin 1978: *»Ursprung, Zwiespalt und Einheit der Seele«*)

Graber benutzt die beiden medizinischen Fachtermini Embryo und Fetus sehr zurückhaltend. Er spricht vom »Kind«, egal in welcher Entwicklungsphase der Mensch sich befindet.

7.2 Das vorgeburtliche Empfinden des Kindes

Dr. David B. Chamberlain (1928–2014), ein amerikanischer Psychotherapeut, der bereits seit mehr als dreißig Jahren auf dem Gebiet der pränatalen Psychologie arbeitete, sprach von zwölf Sinnen im Mutterleib:

- Den ersten Sinn bezeichnete er als Berührungssinn. Bereits bei der Einnistung der Eizelle wird der Berührungssinn aktiviert.
- Der zweite Sinn ist nach Chamberlain der Kälte- oder thermische Sinn, denn die Mutter wärmt das Kind, während dieses empfindlich auf Kälte reagiert. Bei einem Vortrag (ISPPM-Vortrag von Chamberlain, David B., Heidelberg 2008) empörte er sich darüber, dass Neugeborene oft rücksichtslos der Kälte ausgesetzt würden, obwohl sie sehr kälteempfindlich seien.
- Der dritte Sinn sei die Schmerzempfindung. Beim Fötus gebe es noch keine Schmerzrezeptoren, weil das Gehirn noch nicht ausgebildet sei, doch wenn der Fötus gequetscht wird, empfände er trotzdem Schmerzen. Dies werde tragisch vernachlässigt bei den Regeln moderner Entbindung.
- Der vierte Sinn sei die Hör- und Geräuschempfindlichkeit. In der Wissenschaft ist inzwischen nachgewiesen worden, dass der Embryo ab der vierzehnten Schwangerschaftswoche hören kann.
- Der fünfte Sinn sei der Gleichgewichtssinn, der bereits im Mutterleib durch die Bewegungen des Fötus geübt wird.
- Den sechsten und siebten Sinn (Geruch und Geschmack) fasst Chamberlain zusammen und bezeichnet ihn als den chemischen Sinn. Er behauptet, dass der Fötus am oberen Naseneingang das Fruchtwasser riecht und schmeckt. Durch das unterschiedliche Essen der Mutter verändert sich auch der Geschmack des Fruchtwassers, sodass das Neugeborene über den Geruch- und

Geschmacksinn selbständig die Brust der Mutter findet. Das sei, so Chamberlain, das angeborene Wissen eines Neugeborenen.

- Der achte Sinn sei das Erkunden durch den Mund bezüglich Form, Härte und Oberflächenstruktur, was noch lange nach der Geburt beibehalten wird.
- Der neunte Sinn sei das Saugen und Lecken an Fingern und Zehen zum Vergnügen. Zwillinge liebkosen einander dadurch, und beim Daumenlutschen männlicher Föten kann man oft Erektionen beobachten.
- Der zehnte Sinn ist nach Chamberlain das paradoxe Sehen. Obwohl das Kind noch geschlossene Augen hat, verhielte es sich so, als könnte es sehen. Bei einer Fruchtwasseruntersuchung konnte man im Ultraschall beobachten, dass sich das Kind von der Kanüle angegriffen fühlte und versuchte, auszuweichen.
- Der elfte Sinn der Ungeborenen sei der telepathische Sinn für Dinge, die klar außerhalb ihrer Reichweite seien. Sie wüssten, ob sie willkommen sind, und erkennten den Charakter ihrer Eltern.
- Als zwölften Sinn zeigten sie transzendente Gefühle ähnlich Nahtod- und Out-of-Body-Erfahrungen.

Während seiner Forschungstätigkeit hatte Chamberlain seit 1974 sechsjährige Kinder in Hypnose versetzt und sie ihre Geburtsgeschichte erzählen lassen, die deckungsgleich mit Erinnerungen der Mütter waren.

Dr. Gabriella Ferrari bestätigte Chamberlains Aussage zum zehnten und elften Sinn. Sie stellte am 20.11.2013 bei der Jahrestagung der Internationalen Gesellschaft für prä- und perinatale Psychologie und Medizin (ISPPM) in Stolpen eine Studie der Universität Parma (Ferrari, Dr. Gabriella A. et al., 2016, *Ultrasonic Investigations of Human Fetus Responses to Maternal Communicative and Noncom-*

municative Stimuli) vor, in der sie per Videoaufnahme der Mutter und Ultraschallaufzeichnung des Kindes die übersinnliche Gabe zwischen Mutter und dem ungeborenen Kind nachwies. Obwohl das ungeborene Kind im Mutterleib die Mutter nicht sah, konnte es die Handlungen der Mutter und des Vaters nachahmen. Die Mutter gähnte, und das Kind im Ultraschall machte die gleiche Mundbewegung. Die Mutter leckte an einem Lutscher, und das Kind im Mutterleib ahmte die Mundbewegung nach. Über diese Studie konnte Dr. Ferrari nachweisen, dass das ungeborene Kind im ständigen Kontakt mit der Mutter und der Außenwelt steht. Dies zeigt uns ebenfalls, dass auch Furcht und Angst gespiegelt werden können. Bei Zwillingsanlagen kann durch dieses Empfinden die Nahtoderfahrung erklärt werden, wenn ein Zwilling nicht überlebt.

7.3 Das Mitfühlen des Ungeborenen

Die Belgierin Bea van den Bergh untersuchte Mütter, die zu Depressionen, Angst oder Stress neigten. Diese negativen Gefühle der Mutter hatten sowohl auf die körperliche als auch psychische Entwicklung des Kindes Einfluss (Van den Bergh, Bea R. H., kath. Universität Leuven 2005: Studie *»Vorgeburtlicher mütterlicher Stress und Angst und die neurovegetative Entwicklung des Kindes«*).

Claudia Kahrs und Oliver Schubbe behaupten in einer Studie der Universität Trier: *»Studien am Menschen belegen, was auch bereits in Tierversuchen nachgewiesen wurde, dass ein von der Mutter erlebter Stress schädigende Wirkung auf das ungeborene Kind hat.«* (Kahrs, Claudia und Schubbe, Oliver, Institut für Traumatherapie, Studie: *»EMDR in der Schwangerschaft«*, Universität Trier 2006). Die Autoren betonen weiter, dass Stress in seiner Schädlichkeit für die Entwicklung des fetalen Gehirns fast mit der Wirkung von Gift verglichen werden kann. Generell lässt sich ein negativer Zusammenhang zwischen Stress und Wachstum des Fötus feststellen, das heißt, *»je mehr Stress die Mutter erlebt, desto schlechter sind die Wachstumsbedingungen für das Ungeborene.«*

Stress der Mutter erhöht den Herzschlag des Kindes, der dann doppelt so hoch ist wie der Herzschlag der Mutter.

Wie wir sehen, ist unser Leben vor der Geburt sehr viel reicher und vielgestaltiger als man noch vor wenigen Jahren annahm. Wir wissen mittlerweile auch, dass das Leben im Mutterleib nicht immer paradiesisch ist. Unsere vorgeburtliche Zeit wird stark von den äußeren Begebenheiten beeinflusst.

7.4 »Altlasten« aus dem Vorleben der Eltern

Peter G. Fedor-Freybergh schreibt in »Seelisches Erleben vor und während der Geburt« (Fedor-Freybergh, Peter G. in: *»Seelisches Erleben vor und während der Geburt«*, Hrsg. Haibach, Sigrun und Janus, Ludwig: ML-Verlag, Kulmbach 2015)

> *»Darüber hinaus müssen wir sagen, dass das Leben des Menschen mindestens in der Generation davor beginnt, nämlich im Hause der Großeltern mütterlicher- und väterlicherseits, denn die Follikel werden bereits im Leib der Großmutter angelegt.«*

Des Weiteren führt er in seinem Buch aus:

> *»Die Umwelt des Kindes vor der Geburt ist der Uterus, die Gebärmutter. Der Uterus ist ein Teil der Mutter. Die Mutter aber ist ein Mensch mit einer Vorgeschichte, einem Elternhaus, einer Kindheit, mit Träumen und Enttäuschungen, Bedürfnissen und Verzicht, Erfolgen und Versagen, mit Leidenschaften und Schmerzen, Liebe und Abneigung. Die Mutter lebt in einer Welt. In dieser Welt existiert ein Staat, ein anonymer Machtapparat, es gibt Gunst und Vorzug, und es gibt Neid. Die Mutter hat auch eine Beschäftigung. Sie studiert, oder sie arbeitet in einer Fabrik. Vielleicht hat sie Schichtarbeit, vielleicht ist sie Bäuerin oder arbeitslos. Vielleicht hat sie Geld, vielleicht hat sie keines. Vielleicht trinkt sie viel Alkohol oder wenig, sie kann eine Kettenraucherin sein oder auch nicht, vielleicht ist sie süchtig. Vielleicht verbringt sie die Nacht allein in ihrem Bett und erwacht mit einem lauten Schrei. Vielleicht erlebt sie eine Zeit der Liebe und verbringt Nächte voller Glück mit ihrem Mann.«*

Aus neuen wissenschaftlichen Erkenntnissen weiß man, dass das heranwachsende Kind, Fötus oder Embryo, ein aktives, sensibles Wesen ist und Anlagen des Lernens und Fühlens in sich trägt.

Fedor-Freybergh charakterisiert folgendermaßen:

»Im Uterus liegt ein Kind und lebt zusammen mit der Mutter, von ihr und dank ihr in einer Symbiose. Sein Blut ist ihr Blut, ihre Hormone, ihre Chemie werden auch seine sein. Es trinkt mit, es raucht mit, es liebt mit und hasst mit, es vergnügt sich mit und es leidet mit. Es empfindet ihre Herztöne mit, erschrickt, wenn sie erschrickt, sorgt sich um sie, weil es ohne sie nicht leben kann, sein Leben hängt von ihr und von ihrem Leben ab.«

Die Seele fühlt demnach von Anfang an und speichert alle Empfindungen in der vorgeburtlichen Lebenszeit seit der Zeugungssituation. Wenn zum Bespiel die Schwangerschaft aus irgendeinem Grunde nicht erwünscht ist, empfindet das Kind oder die Seele die Ablehnung, wie vorhin beschrieben. Denn das Kind ist von den Gefühlen der Mutter abhängig.

Auch Inge Krens, eine Psychologin aus den Niederlanden, geht davon aus, dass ein Kommunikationskanal zwischen der Mutter und dem pränatalen Kind existiert, auf dem Informationen über den psychischen und emotionalen Zustand gegenseitig ausgetauscht werden. (Hüther, Gerald und Krens, Inge, Walter-Verlag, Freiburg 2005): *»Das Geheimnis der ersten neun Monate«*).

Diese Beziehung zwischen Mutter und Kind, die sofort nach der Befruchtung einsetzt, bezeichnet Barbara Findeisen als Resonanz oder Melodie. Geht diese Akzeptanz nicht von der Mutter aus, versucht der werdende Mensch – ich denke, es ist die Seele – mit der Mutter in Kontakt zu treten. Dies gelingt ihm aber nicht, wenn die Mutter die Schwangerschaft ablehnt. So erfährt er in dieser frühen Zeit seine erste, aber entscheidende Verunsicherung. Diese Menschen haben später in ihrem Leben eine ambivalente Beziehung zur Mutter. Sie kleben oft an ihr, können sie aber nur schwer ertragen, wie ich es oft in der Praxis erlebe.

Renate Hochauf schreibt:

»Im Spektrum früher Traumatisierung haben real aggressive Handlungen gegen das Ungeborene besonders katastrophale Auswirkungen auf das Kind. Das Umfeld, von dessen nährender Bezogenheit die Existenz abhängt, erscheint letztendlich feindselig.«

»Auch Empfindungen (...) wie Schwindel- und Drehgefühle, Strudel- und Sogempfinden, Schwebezustände im Weltraum u. a. m. weisen auf pränatale Traumatisierungen hin. Patienten mit einem so frühen Trauma haben oft ein tiefes Gefühl von Verlassenheit und Lebensschuld (...).« »Gelegentlich spielt in diesem Zusammenhang auch das Vorliegen einer Zwillingsschwangerschaft eine Rolle. In diesen Fällen können spätere Entwicklungen von Überlebensschuld, Näheängsten und Beziehungsabwehr beobachtet werden, die sich in der Therapie gelegentlich durch extreme Ausprägungen symbiotischer Beziehungsfusionen oder schizoider Beziehungsabwehr zeigen.«

(zitiert aus: Hochauf, Renate, *»Die therapeutische Arbeit mit pränatalen existenziellen Erfahrungen«* in *»Vorgeburtliche Wurzeln der Individuation«*, Hrsg. Reiter, Alfons, Mattes-Verlag, Heidelberg 2005)

7.5 Stresssituationen des Kindes

William R. Emerson, ein bekannter Psychologe, der sich seit dreißig Jahren mit der pränatalen Psychologie beschäftigt, fordert ebenfalls, dass

>*»eine frühe Heilung dieser Traumata, möglichst schon im Säuglings- oder Kleinkindesalter stattfinden soll, wodurch psychopathologische Symptome im Erwachsenenalter verhindert werden können, denn pränatale Traumata bilden die Grundlage späterer Erfahrungen. Ähnliche oder wiederholte Ereignisse verstärken diese Traumata und können außerdem zur Ausprägung von chronischen Symptomen führen.«* (Emerson, William R.: *»Geburtstrauma: Die Auswirkungen der modernen Geburtshilfe auf die Psyche des Menschen«*, Verlag: Dipl.-Ing. Moshammer Ges.b.R., St. Nikolai im Sausal, Steiermark 2017)

Auch der Vater des Kindes spielt natürlich eine wichtige Rolle. Fedor-Freybergh konstatiert:

>*»Das Kind hat auch einen Vater; auch von ihm ist ein Teil in dem Kind, das im Uterus der Mutter lebt. Auch er ist ein Mensch mit einer Vorgeschichte, mit einem Leben in seiner Welt. Der Vater stellt oft die nächste Umwelt der Mutter dar.«* (Fedor-Freybergh, Peter G. in: *»Seelisches Erleben vor und während der Geburt«*, Hrsg. Haibach, Sigrun und Janus, Ludwig, ML-Verlag, Kulmbach 2005)

7.6 Das Zwillingsthema

Ich erinnere mich an eine Patientin, die ein Hochschulstudium mit Erfolg abgeschlossen hatte, sich jedoch ständig erschöpft, mutlos und antriebslos fühlte und am Ende Sozialhilfe bezog. Erst als sie sich durch Synbalance® von ihrem Mehrlings-Verlust löste, konnte sie ihre Fähigkeiten voll ausschöpfen, machte sich selbständig und ist jetzt eine erfolgreiche Persönlichkeit.

Das Problem des verlorenen Zwillings ist so umfangreich, dass es noch großer wissenschaftlicher Aufarbeitung bedarf.

In diesem Kapitel wird beschrieben, was den meisten Menschen bisher kaum bekannt war: dass nämlich das Kind im Mutterleib bereits mannigfaltige Erfahrungen macht und sich nicht nur auf physischer Ebene zu einem fertigen menschlichen Wesen entwickelt. Es durchläuft auch im seelischen Bereich die unterschiedlichsten Prozesse und legt eine emotionale Basis an, die das Leben nach der Geburt entscheidend prägt – mit all den positiven Möglichkeiten, aber auch traumatischen Fehlhaltungen.

Seit ungefähr 2008 beschäftige ich mich mit der Problematik des verlorenen Zwillings im Mutterleib, denn sowohl bei der natürlichen und als auch künstlichen Befruchtung entstehen oft mehrere Embryos gleichzeitig, von denen in der Regel nur eines bis zur Geburt überlebt. Das bedeutet, dass aus der Sicht des Überlebenden seine Geschwister sterben. Das Buch »Das Drama im Mutterleib – Der verlorene Zwilling« von Alfred R. Austermann (Königsweg-Verlag, Berlin 2006) befasst sich mit dieser Problematik.

Die Ultraschalldiagnostik erfolgt in Deutschland meist ab dem dritten Schwangerschaftsmonat, in anderen Ländern dagegen früher. Mittels Sonografien ab der sechsten Woche kam Dr. Michelle Haintz in einer Studie zu der Erkenntnis, dass von den befruchteten Eizellen, von denen sich durchschnittlich nur 40 % tatsächlich einnisten, bis zur Geburt nochmals viele verlorengehen (Interview beim Online-Kongress »Hochsensibilität«, »https://hochsensibilitaetskongress.com/verlorener-zwilling-und-hochsensibilitaet/«, letzter Zugriff 1.8.2020).

Ein Hinweis für den frühzeitigen Verlust eines Embryos kann eine Zwischenblutung in den ersten Schwangerschaftswochen sein. Allerdings wird dies selten auf einen eventuell verlorenen Zwilling bezogen. Spätgebärende sind davon besonders oft betroffen. In vielen Fällen wird der abgestorbene Embryo aber auch resorbiert, ausnahmsweise auch als Zyste in Plazenta oder den überlebenden Fötus eingeschlossen.

Althea Hayton (Hayton, Althea: *Womb Twin Survivors: The Lost Twin in the Dream of the Womb*. Wren Publications, Saint Albans, Wisconsin 2011) hat über Jahre zu diesem Thema geforscht und mehr als tausend Fragebogen ausgewertet. Dabei ist sie zu erstaunlichen Ergebnissen gekommen. Sie behauptet, dass es einen Unterschied macht, ob der Überlebende mit einem eineiigen Zwilling und mit einer gemeinsamen Plazenta oder in der Beziehung mit einem zweieiigen Zwilling oder sogar mit mehreren Anlagen zusammengelebt hat. Alle diese Unterschiede, so sagt sie, haben einen Einfluss auf unser späteres Leben. Denn die Symbiose im Mutterleib mit einer anderen Seele prägt und formt den Menschen. Die Seele des Ungeborenen weiß, dass eine andere Seele bei ihr ist und empfindet zu dieser eine starke Bindung. Verschwinden die

Mehrlinge oder der Zwilling neben ihr, treten große Verlustängste und Schuldgefühle auf, die sich im späteren Leben wiederholen. Hayton behauptet sogar, dass der Einfluss noch größer ist, wenn sie die gleiche Nahrungsquelle hatten, d. h. die Nahrung aus der gleichen Plazenta bezogen, während der andere langsam starb. Dann haben diese Betroffenen das ständige Gefühl, den Tod des geliebten Zwillings verschuldet und dadurch kein Recht zu haben, glücklich zu sein.

Frau Dr. Michelle Haintz nennt im obengenannten Interview drei Arten der allein geborenen überlebenden Zwillinge:

– **der Schuld-Zwilling:**
Für ihn ist Zufriedenheit mit sich selbst aufgrund der Vorgeschichte eines Zwillingsverlusts kaum erreichbar, da »Zufriedenheit« immer mit den harmonischen Zeiten im Mutterleib in Verbindung gebracht wird. Solche Überlebende können sich die tiefen Gefühle der Schuld an einer Begebenheit in ihrem Leben nicht einmal erklären. Sie glauben, kein Recht auf Glück und Erfolg zu haben oder zweifeln ständig an ihrer Daseinsberechtigung und können persönliches Potenzial nicht erfolgreich nutzen und ausschöpfen. Die Sehnsucht nach der anderen Hälfte ist so groß, dass sie oft schwere Depressionen mit Todessehnsucht haben. Ihre Suizidgedanken drücken sie oft durch gefährliche Unternehmungen aus (»Ich will mich eigentlich töten, aber dennoch will ich weiterleben.«).

– **der Schmelz-Zwilling:**
Im erwachsenen Leben neigt er zu Eifersucht, klammert und ist besitzergreifend. Dies ist oft ein Grund der Trennung von einem Partner, weil dieser das nicht auf Dauer ertragen kann.

Außerdem ist oft zu beobachten, dass er sich nicht von seinen Eltern lösen kann. Er hat Angst, sich auf eine Bindung einzulassen, die vielleicht verloren gehen könnte.

– **der Flucht-Zwilling:**

Dr. Haintz sagt

>*»Flucht-Zwillinge (...) konnten offenbar den Schock des frühen Verlustes nicht verwinden und wollen daher nie mehr echte und aus ihrer Sicht gefährliche Nähe zulassen; die Angst, das geliebte Wesen wieder zu verlieren, ist bei ihnen übermächtig.«*

Dies führt zu einem Leben ohne Partnerschaft oder zu einer frustrierenden Distanz innerhalb einer Beziehung.

7.7 Künstliche Befruchtung (IVF, In-Vitro-Fertilisation)

In Deutschland werden bei unerfülltem Kinderwunsch meistens zwei befruchtete Eizellen eingesetzt, in der Regel entwickelt sich jedoch nur eine der beiden bis zur Geburt. Aber welchen Einfluss übt der dann verlorene Zwilling auf den anderen Embryo im Mutterleib aus?

In meiner Praxis habe ich etwa zwanzig IVF-Kinder behandelt. Alle litten unter dem Verlust eines Zwillings. Interessanterweise haben fast alle am Kopf stark geschwitzt. Die Eltern berichteten, dass sie oft in der Nacht die Bettwäsche wechseln mussten. Nach der Behandlung habe das Schwitzen aufgehört.

7.8 Adoptiv- und Pflegekinder

Wie ich in meiner Praxis erfahren habe, gibt es immer wieder Parallelen zwischen Adoptiv- und Pflegekindern.

Wenn angenommene Kinder ein gutes Verhältnis zu Ihren Zieheltern gewinnen, verliert das Trauma ihres Elternverlusts an Bedeutung. Wenn das aber nicht gelingt, sind sie seelisch sehr hilfsbedürftig.

Das Suchen nach den eigenen Wurzeln erlebt man besonders bei sehr früh adoptierten Menschen, die spätestens nach der Pubertät nach ihren Eltern forschen. Dass sie von ihrer leiblichen Mutter verstoßen wurden, ist auch bei ihnen zeitlebens ein wunder Punkt, selbst wenn sie wunderbare Adoptiveltern bekommen haben.

Pflegekinder fühlen sich oft als Verursacher der Trennung von ihrer Geburtsfamilie. Solche tiefen Schuldgefühle können mit der Synbalance®-Therapie sehr gut behandelt werden.

8 Spezielle körperliche Trauma-Symptome

8.1 Winkelfehlsichtigkeit

Als äußeres Zeichen einer psychischen Blockade kann unter anderem Winkelfehlsichtigkeit (ein sogenannter Silberblick) auftreten, was die Koordination der von beiden Augen wahrgenommenen Bilder erschwert.

Räumliches Scharfsehen wird vom Gehirn nur geleistet, wenn sich beide Augen genau auf den anvisierten Gegenstand ausrichten. Dies erfordert eine ständige Korrektur des Sehwinkels zwischen beiden Augen. Fokussiertes beidäugiges Sehen bedeutet daher für Winkelfehlsichtige eine ständige zusätzliche Anstrengung des Gehirns.

Weil sich betroffene Kinder davon immer wieder erholen müssen, sind sie oft unkonzentriert und unaufmerksam.

Von dieser Problematik sind nicht nur Kinder betroffen, sondern auch Erwachsene. Die Betroffenen fühlen sich nach acht Stunden Bildschirmarbeit erschöpft und benötigen mehrere Stunden, um sich wieder fit zu fühlen. Sie klagen verstärkt über Kopfschmerzen oder fühlen sich ausgebrannt. Die ständige Überforderung durch die erschwerte Fokussierung erzeugt bei ihnen ein Gefühl der nachhaltigen Erschöpfung.

Wenn die Augenfehlstellung durch Synbalance® korrigiert wurde, erholen sich auch diese Betroffenen recht schnell und die Kinder sind in der Schule alsbald konzentrierter, wie sie mir oft berichteten.

8.2 Beckenschiefstand

Viele orthopädische Beeinträchtigungen rühren aus Verspannungen her, die schon beim Anblick des Patienten erkennbar sind. Wenn diese Verspannungen mit seelischen Ursachen zusammenhängen, dann helfen physiotherapeutische Maßnahmen immer nur vorübergehend. Auch hier kann eine seelische Entspannung durch Synbalance® sehr hilfreich sein. Der Beckenschiefstand ist die Folge einer skoliotischen Fehlhaltung. Wird der Beckenschiefstand behoben, verringern sich die Rückenschmerzen oft langzeitig oder verschwinden ganz.

9. Der Ursprung und Beginn meiner Synbalance®-Methode

In den 1980er Jahren hatte ich »Gastarbeiter«-Kindern aus meiner Wohnumgebung bei den Hausaufgaben geholfen. Ein Mädchen der ersten Klasse war nicht in der Lage gewesen, einfache Buchstabenfolgen wie »mi« zusammenhängend zu lesen. Ich bemühte mich aufs Äußerste, es ihr beizubringen, aber ohne Erfolg. Dabei machte das Kind nicht den Eindruck, lernschwach zu sein.

Dieses Erlebnis ließ mich nicht los. Dann stieß ich Anfang 1990 auf die Veröffentlichungen von Carl Delacato (Delacato, Carl H.: »*Ein neuer Start für Kinder mit Lesestörungen*«, Hyperion Verlag, Freiburg 1973), der Leseschwierigkeiten seiner Schüler mithilfe von Ballspielen beheben konnte, und ich wurde sofort davon angezogen. Dieses Phänomen erklärte ich mir so, dass die heilsame Wirkung auf die lebhaften, konzentrierten Augenbewegungen zurückzuführen ist, die aus den Bewegungen des Balls resultieren.

Bis 1996 hatte ich in meiner Praxis mit der Brain-Gym®-Methode nach Dennison (Dennison, Paul E.: »*Brain-Gym® – das Handbuch (Lernen durch Bewegung)*«, VaK-Verlag, Kirchzarten 2010) gearbeitet. Mit diesem Ansatz hatte ich nur geringe Erfolge und ich vermisste die Suche nach den Ursachen der Probleme.

Bei einer psychologischen Weiterbildungsveranstaltung 1996 in Frankfurt wurde ein Blatt verteilt, das Lebensphasen und dazu passende Affirmationen beinhaltete und mit der pränatalen Zeit begann. Ich hatte plötzlich den Gedanken, dies mit gelenkten Augenbewegungen zu verbinden. Zu meiner großen Freude hatte ich damit sofort recht gute Ergebnisse.

In den ersten Jahren meiner Heilpraktiker-Tätigkeit mit Synbalance® arbeitete ich überwiegend mit Kindern, die eine sogenannte Teilleistungsstörung hatten. Dabei fand ich häufig einen Zusammenhang mit Problemen in der pränatalen Zeit oder bei der Geburt, was ich aber anfangs den Eltern verschwieg. Erst nach dem Weltkongress der ISPPM in Nijmwegen hatte ich den Mut, über meine Erkenntnisse zur vorgeburtlichen Zeit der Patienten zu sprechen. Auch die meisten Erwachsenen sind sich zu Beginn der Therapie nicht bewusst, dass die Ursachen ihrer gegenwärtigen Probleme unter Umständen in Ereignissen ihrer vorgeburtlichen Zeit liegen.

Für die Erfahrungen in diesem frühen Lebensabschnitt gibt es ja noch keine sprachlich formulierten Gedanken. Um die in diesem Lebensabschnitt angelegten traumatischen Gefühlsbereiche zu erreichen, entwickelte ich 1996 weitere positiv bestärkende Aussagen, die ich dem Patienten mithilfe der konzentrierten Augenbewegungen verinnerlichte. Von der EMDR-Methode, die ebenfalls gezielte Augenbewegungen verwendet, hatte ich damals noch nichts gewusst. Meinen Affirmations-Katalog erweiterte ich im Laufe meiner Erfahrungen auf weit über zweitausend vorformulierte Sätze, die ich bei Bedarf abwandele.

Zur Veranschaulichung der Behandlungserfolge ließ ich die Kinder – inzwischen aber auch erwachsene Patienten – vor und nach der ersten Behandlung ein Bild malen. Außerdem schaute ich nach körperlichen Fehlhaltungen, die oft von seelischen Verspannungen herrühren und dann meist langwierig, aber selten nachhaltig physiotherapeutisch behandelt werden. Einer der Behandlungserfolge ist das Erreichen einer besseren Körperhaltung und die Beseitigung von Rücken- und anderen Verspannungsschmerzen.

10 Die Verbreitung der Synbalance®-Methode

Die Vielzahl der Erfolge in den vergangenen fünfundzwanzig Jahren bestärkten mich darin, die Verbreitung der Synbalance®-Methode unter ihrem geschützten Namen anzustreben, um damit das Lebensgefühl und damit den Lebensverlauf vieler traumatisierter Menschen zu verbessern.

Dazu gehört auch, dass ich in den letzten Jahren vermehrt Ausbildungen – vornehmlich für Menschen, die im Gesundheitsbereich arbeiten – zum Erlernen der Synbalance®-Methode angeboten und durchgeführt habe.

Ich würde mich freuen, wenn ich meine Kenntnisse und Methoden an weitere Fachleute übertragen könnte, die sich mit psychologischen Problemen befassen.

Insbesondere liegen mir dabei die Kinder am Herzen, denen dadurch ein schlechter Start ins Leben erspart werden kann. Deshalb habe ich auch bereits einen Artikel über meine Therapie im ISPPM-Jahrbuch 2018 veröffentlicht.

11 Fallbeispiele

11.1 Daniel, geb. 2009, erste Behandlung 2017

Symptome: zwanghaftes Augenzwinkern und -starren

Daniel ist das erste Kind in der Familie. Seine Mutter hatte bereits im siebenten Schwangerschaftsmonat Wehen, die aber medikamentös unterdrückt wurden. Nach der regulären Schwangerschaftszeit wurde seine Mutter nach zehnstündiger Wehentätigkeit per Kaiserschnitt entbunden.

Daniel wurde nur ein halbes Jahr gestillt und mit eineinhalb Jahren in die Kita aufgenommen. Dort fühlte er sich wohl und angenommen, ebenso wie später im Kindergarten. Mit zwei Jahren bekam er einen Bruder. Aber bereits ein Vierteljahr nach Beginn der neuen Schwangerschaft begann er, mit Augenzwinkern und Zwangshaltungen der Finger aufzufallen.

In der Schule fühlte er sich gut und hatte auch gute Leistungen. Der Grund der Behandlung war sein zwanghaftes Starren und Zucken mit den Augen und den Händen.

Vor der ersten Behandlung lasse ich immer ohne irgendwelche Vorgaben ein Bild malen und danach ebenfalls. Daniels sehr aussagekräftige Bilder sehen Sie auf der Titelseite.

Bei der ersten Behandlung konnte ich aufgrund der gefundenen Affirmationen feststellen, dass Daniel am Anfang seines Lebens im Mutterleib mit mehreren befruchteten Eizellen gelebt hatte, die sich aber nicht weiterentwickelt hatten. Zwei bezeichnende Sätze der ersten Behandlung lauteten »Ich kann, darf und will meine Mehrlinge loslassen« und »Ich kann sicher sein, dass ich geliebt und verstanden werde.«

Nachdem er diese und sieben weitere Affirmationen über Augenbewegungen verinnerlicht hatte, malte er zum Abschluss ein sehr positives Bild. Gefragt, wie er sich fühle, antwortete er: »In den Augen fühle ich mich gut, weil ich nicht mehr so viel klimpern muss.«

Am Ende jeder Behandlung fühlte er sich besser und konnte seinen Zustand auch sehr gut beschreiben. Nach sechs kurz aufeinanderfolgenden Behandlungen besuchte Daniel mich noch zweimal in Jahresabständen.

Auf seinen Bildern ist zu sehen, wie sich seine Gefühlswelt durch die Behandlung verändert hat:

Vor der ersten Behandlung

Nach der ersten Behandlung

11.2 Emil, geb. 2013, erste Behandlung 2018

Symptome: autistische Züge

Emil kam kurz vor seinem fünften Geburtstag in meine Sprechstunde.

Bei seiner Geburt war es zum Wehenstillstand gekommen. Als er von den Geburtshelfern aus dem Geburtskanal herausgepresst worden war, war er blau angelaufen.

Emil war ein Schreikind. Drei Monate lang konnte man ihn kaum beruhigen, und mit neun Monaten stellte sich heraus, dass er das KISS-Syndrom, eine Haltungsasymmetrie des Kopfes, von der Geburt davongetragen hatte. Nach der Behandlung durch einen Osteopathen konnte er aber sitzen und krabbeln. Mit achtzehn Monaten konnte er laufen und mit zwei Jahren war er sauber.

Ab dann sollte Emil in den Kindergarten gehen, konnte sich jedoch auch nach einer langen Eingewöhnungszeit nicht von der Mutter trennen. Nachdem die Mutter den Kindergarten gewechselt hatte, schien es, dass er sich dort besser aufgehoben fühlte. Er ging zwar hin, nahm aber keinen Kontakt mit den anderen Kindern auf. Emil beobachtete die Kinder nur und wartete darauf, dass die Mutter ihn mittags abholte. Er sprach nur mit ihr, und weil seine Sprache undeutlich war, erhielt er eine Ergo- und auch eine Logo-Therapie. Aber Verhalten und Sprache veränderten sich nur unwesentlich. Er nässte auch wieder am Tage und in der Nacht ein.

Die erste von mir für ihn gefundene Affirmation war: »Ich kann, will und darf meinen Zwilling loslassen.« Nach der ersten Behandlung begann er, mit den Erzieherinnen zu sprechen. Nach der dritten

Behandlung spielte er im Kindergarten mit den anderen Kindern, und die Erzieher waren über die Wandlung mehr als erstaunt. Auch die Mutter war überrascht, als er beim Laternenfest im November 2018, etwa drei Wochen nach der dritten Behandlung, sofort zu den anderen Kindern lief.

Emil entwickelte sich zu einem lebhaften, freundlichen Kind. Gefragt, wie er sich fühle, sagte er: »Ich fühle mich warm und gut.« Ein weiterer Behandlungstermin sollte erst in sechs Monaten sein, wurde aber nicht wahrgenommen.

11.3 Manuel, geboren 2013, erste Behandlung 2018

Symptom: Angstzustände

Manuel kam mit fünf Jahren in meine Sprechstunde, weil er oft wegen Panikattacken vom Kindergarten abholt werden musste, was auch die Mutter in Schwierigkeiten brachte.

Manuel ist das dritte Kind seiner Mutter und wurde durch einen Kaiserschnitt geboren. Anfangs war er ein unkompliziertes, aber sehr stark auf die Mutter fixiertes Kind. Auch als er mit einem Jahr wöchentlich an drei Tagen für drei Stunden zu einer Tagesmutter kam, verlief dies unauffällig. Mit drei Jahren kam er mit seinem Freund in den Kindergarten.

Als er vier Jahre alt wurde, trennten sich die Eltern. Die Mutter zog in eine andere Wohnung. Auch dies verlief zunächst unproblematisch. Als aber das Schulprogramm im Kindergarten begann, reagierte er panisch. Offensichtlich hatte er Angst vor einer erneuten Veränderung.

In der ersten Therapiestunde stellte ich fest, dass Manuel am Anfang seines Lebens im Mutterleib einen Zwilling gehabt hatte, der aber nicht überlebte.

Durch die Trennung der Eltern und die Vorbereitung auf die Schule im Kindergarten wurden tiefe Verlustängste aktiviert. Schon nach der ersten Therapiesitzung beruhigte er sich, weil das Zwillingsthema sofort behandelt wurde.

Leider wurden weitere Sitzungen nicht mehr vereinbart, weil der Mutter die Zeit fehlte. Als aber sein geliebter älterer Bruder zu seinem Vater zog, kamen die Verlustängste wieder zurück. Er ließ die Mutter morgens im Kindergarten nicht los und reagierte wieder panisch. Die Mutter wurde wieder gezwungen, ihn vom Kindergarten abzuholen.

Nun war die Mutter bereit, die Therapie zu Ende zu führen. Nachdem er sich durch mehrere Affirmationen von seinem Zwilling verabschiedet hatte, konnte er morgens problemlos in den Kindergarten gehen. Das Schulprogramm machte ihm keine Schwierigkeiten mehr.

Insgesamt waren nur vier Therapiesitzungen von jeweils zwei Stunden erforderlich, damit sich Manuel von seinem Zwilling verabschieden konnte und wieder innere Geborgenheit fühlte.

Seine Bilder zeigen den enormen Entwicklungssprung.

Vor der ersten Behandlung   *Nach der ersten Behandlung*

Nach der vierten Behandlung

Das zweite Bild zeigt, dass die Verlustängste noch nicht überwunden waren und nach Manuels Trennung von seinem Bruder wieder zutage traten. Erst nach der vierten Behandlung fühlte er sich in seinem Zuhause wohl.

11.4 Monika, geboren 1993, erste Behandlung 2000

Symptome: Schulprobleme

Monika ist ein eineiig geborener Zwilling. Die Schwangerschaft der Zwillinge war sehr problematisch, weil das Fruchtwasser der Mutter ständig zunahm und die Fruchtblase punktiert werden musste. In der sechsundzwanzigsten Schwangerschaftswoche platzte diese, und die Kinder mussten geholt werden. Die Inkubatoren der Kinder standen an gegenüberliegenden Seiten des Krankenzimmers, weshalb die Mutter bat, sie nebeneinander zu stellen. Angeblich war das ein zu großer Aufwand. Monika überlebte, aber ihre Schwester starb nach drei Wochen. Heute weiß man, dass die Überlebenschancen für Zwillings-Frühchen in einem gemeinsamen Inkubator größer sind.

Monikas Feinmotorik war schlecht ausgebildet. Sie hatte links eine leichte Fazialisparese (Gesichtslähmung) und lief auf den Fußspitzen.

Meine Behandlung war für sie anfangs ein Problem, weil sie fürchtete, von der Liege zu fallen. Diese Angst löste sich sofort nach der ersten Behandlung auf. Sie sprang am Ende von der Liege, war fröhlich, freundlich und wesentlich lockerer. Die Gesichtslähmung war leicht verbessert.

Nach der zweiten Behandlung berichtete die Mutter, dass Monika plötzlich Rad fahren konnte und sich auch in vielen anderen Dingen verbesserte. Sofort nach der dritten Behandlung wurde etwas frei in ihr. Sie sprang von der Liege, rollte sich wild auf dem Fußboden, lachte und war ganz ausgelassen.

Nach der fünften Behandlung war Monika nicht mehr schüchtern, sondern eher wild. Das Spitzenlaufen konnte nicht mehr beobachtet werden, und die Gesichtslähmung war kaum noch erkennbar. Nach der sechsten Behandlung kam Monika nur noch in großen Abständen von einem, drei und zehn Jahren zur Behandlung. Immer, wenn sie sich nicht gut fühlte, bat sie wieder um einen Termin.

Die Behandlungen in 2013 und zuletzt 2017 bezogen sich jeweils auf den Verlust der Zwillingsschwester. Nach wie vor kann sie den Verlust der Zwillingsschwester nur schwer verkraften. Die Sehnsucht nach ihr ist stets eine Herausforderung.

11.5 Jonas, geb. 1977, erste Behandlung 1999

Symptome: Lernschwäche und Probleme bei der Berufsfindung

Jonas ist das erste von vier Kindern. Seine Geburt hatte viele Stunden gedauert. Über seine ersten Lebenswochen konnte seine Mutter keine Auffälligkeiten berichten. Nach kurzer Zeit schielte Jonas, sodass ihm die Augen abwechselnd zugeklebt wurden. Vor dem Schuleintritt wurde eine Schieloperation durchgeführt.

Selbständiges Erarbeiten des Schulstoffes war ihm von Anfang an nicht möglich. Er brauchte immer eine Unterstützung, da er den Inhalt einfach nicht verstehen konnte. So hat er auch die Prüfung für den Realschulabschluss nach der zehnten Klasse nicht bestanden. Die anschließende Kochlehre musste er nach einem Jahr wegen schlechter Schulleistungen beenden. Das Gleiche wiederholte sich bei der anschließenden Gärtnerlehre, die er ebenfalls nach eineinhalb Jahren wegen schlechter Noten abbrechen musste. Der Anspruch der Familie an Jonas war hoch, weil die Eltern Akademiker sind. Er litt auch unter epileptischen Anfällen.

Weil er zusätzlich Haschisch konsumierte, verstärkte sich die Anspannung der Familiensituation derart, dass die behandelnde Psychologin der Mutter dringend riet, Jonas zum Auszug aus dem elterlichen Haus zu veranlassen.

Ab Dezember 1999, dem Beginn seiner Behandlung bei mir, wohnte er dreihundert km von den Eltern entfernt bei der Großmutter. Die erste Behandlung war für Jonas sehr anstrengend. Er hatte anfangs große Schwierigkeiten, die Augen von rechts nach links zu bewegen.

Dann arbeitete er aber sehr gut mit, weil er sich bei jedem weiteren Satz besser und entspannter fühlte.

Nach der dritten Behandlung war er sehr erschöpft. Bei einigen Affirmationen, die sich auf die Zeit zwischen dem sechsten und achtzehnten Lebensmonat bezogen, bekam er manchmal kaum Luft. Aber am Ende fühlte er sich freier und entspannter.

Er fing an zu lesen und holte sich Informationen vom Hessen-Kolleg, um den Realschulabschluss nachzuholen. Außerdem suchte er sich eine Aushilfsarbeit. Anfang Februar 2000 belegte er an der Volkshochschule Englisch und Mathematik. Er wurde viel aufgeschlossener und entspannter. Als er zur siebten Therapiestunde kam, strahlte er und sagte mit festem Ton »Mir geht es gut«. Jonas ist freundlich, redselig und offen geworden und hat auch keine feuchten Hände mehr.

Jonas Eltern teilten mir kürzlich auf Nachfrage mit, dass seit der Behandlung auch die epileptischen Anfälle verschwunden seien. Nachdem diese mehr als drei Jahre zurücklagen, durfte er den Führerschein erwerben. Er ging zum Hessen-Kolleg und absolvierte mit Erfolg den Realabschluss. Anschließend machte er die Ausbildung als Heilerziehungspfleger und übt diesen Beruf bis heute aus. Er lebt inzwischen in einer glücklichen Ehe.

11.6 Thomas, geb. 1994, erste Behandlung 2007

Symptome: Aggressivität in der Schule

Thomas ist das erste Kind seiner Mutter. Diese hatte den Vater nicht heiraten dürfen, deshalb war die Schwangerschaft geprägt von Sorgen, Depressionen, Stress und einem Umzug nach Deutschland. Die Geburt hatte dreizehn Stunden gedauert. Zwei Jahre später gebar die Mutter ein Mädchen von einem neuen Lebensgefährten. Weil die Mutter wieder arbeitete, wurden die Kinder von der Großmutter versorgt.

Im Kindergarten hatte Thomas zwei gute Freunde und war auch in der Grundschule gut integriert. 2003, als er neun Jahre alt war, zog die Familie um, und dann begannen seine Schwierigkeiten. Zusätzlich zu seinen schlechten schulischen Leistungen wurden die Lehrer durch seine aggressiven Bilder aufmerksam. Ab 2005 wurden – etwa zwei Jahre lang – unterschiedliche Therapien durchgeführt, aber ohne Erfolg.

Thomas kam 2007 fünf Mal zur Behandlung. Nach der dritten bemerkte er: »Über meine Familie denke ich: ein bisschen gut, vielleicht mittelmäßig.« (siehe anhängende Bilder). Er überwand die Aggressivität und verbesserte sich in der Schule wesentlich.

Zehn Jahre danach bat ich ihn, mir seine weitere Lebensgeschichte zu erzählen.

Sein Stiefvater trank und war gewalttätig. Deshalb lebte die Familie zeitweise im Frauenhaus. Als dann seine Mutter mit ihm und der Schwester in eine andere Stadt zog, erlebte er leider noch einmal einen Absturz. Er machte Erfahrung mit Alkohol, Drogen und Gewalt.

Aber nachdem die Familie wieder zurück in ihre alte Umgebung zog, gelang es ihm, einen neuen Freundeskreis aufzubauen und sein Leben in die Hand zu nehmen. Er absolvierte den Hauptschulabschluss, weil er Geld verdienen wollte, und begann mit fünfzehn Jahren eine Lehre als Handwerker. Er hat seinen Meisterbrief gemacht und arbeitet schon im Management der Firma. Seine Tätigkeit liebt er leidenschaftlich, und er sagt, dass er nie schlechte Laune habe. Seine Kollegen beneideten ihn manchmal deswegen.

Thomas unterstützt seine Mutter mit Rat und finanzieller Hilfe. Seine Mutter ist glücklich über den Erfolg der Behandlung und jetzt sehr stolz auf ihn, was ihn natürlich sehr freut.

Vor der 1. Behandlung

Nach der 1. Behandlung

Nach der 4. Behandlung

11.7 Fallgeschichte N, geb. 1980, erste Behandlung 2001

Symptom: Rechenschwäche

Im Jahr 2001 arbeitete ich einige Zeit im Jugendgefängnis. N wurde mir vom Gefängnispsychologen zugeteilt, weil er seine Gesellenprüfung in Mathematik nicht bestanden hatte.

N war das schwarze Schaf der Familie und hatte einen älteren Bruder, der in der Familie die ganze Aufmerksamkeit bekam. Teilweise lebte er bei den Großeltern mütterlicherseits. Er fühlte sich von seinen Eltern nicht geliebt und wurde stets mit seinem Bruder verglichen. Sowohl im Kindergarten als auch anschließend in der Schule fiel er durch seine Aggressivität auf. Mit sechzehn Jahren wurde er straffällig und verbüßte eine fünfjährige Jugendhaft.

Im Gefängnis bekam er die Möglichkeit, eine Schreinerlehre zu machen. Aber bei der Gesellenprüfung versagte er in Mathematik. Daraufhin verzichtete er auf eine Verkürzung der Gefängnisstrafe, um die Nachprüfung zu absolvieren.

Nach sechs Synbalance®-Behandlungen bestand er seine Gesellenprüfung und wurde im Dezember 2001 entlassen.

Nach jeder Therapiestunde versicherte er mir, dass er sich wesentlich besser fühle. Bei der letzten Sitzung im Dezember sagte er mir, dass er sich sehr gut fühle, mehr an sich glauben könne und die Zukunft positiv sehe. Er habe jetzt einen offenen Blick.

Was aus ihm inzwischen geworden ist, konnte ich leider nicht erfahren.

11.8 Michael, geb. 1991, erste Behandlung 1999

Symptome: Lese- und Rechtschreibschwäche

Bei Michaels Geburt hatte die Mutter einen Plazentainfarkt, und er musste per Kaiserschnitt geholt werden. Er war zunächst ein total unauffälliges Kind, und alle Ergebnisse der Routine-Untersuchungen entsprachen der Norm. Der Mutter fielen lediglich seine Unruhe und seine Schmerzunempfindlichkeit auf. Er sprach immer gequält und weinerlich und hatte einen traurigen Gesichtsausdruck.

Als Michael eingeschult werden sollte, entsprach er nicht den Anforderungen und wurde ein Jahr zurückgestellt. In diesem ganzen Jahr veränderte sich seine geistige Entwicklung nicht. In der ersten Klasse konnte er zwar im Kopf richtig rechnen, aber er schrieb Phantasiezahlen auf. Wenn er beispielsweise 4 + 4 rechnete, sagte er richtig 8, schrieb aber eine ganz andere Zahl hin. Das Lesen war eine noch größere Hürde. Der Lehrer beobachtete, dass er nur den ersten und letzten Buchstaben eines Wortes erkannte, und alles, was dazwischen war, fehlte. Hielt man das Lesebuch ungefähr ein Meter entfernt, konnte er mehr entziffern. Seine Schulaufgaben wusste er nie. Die Bemühungen der Lehrer und Eltern waren fast umsonst. Er wurde zwar in die zweite Klasse versetzt, musste aber nach kurzer Zeit zurück in die erste. Nach außen war er ein ganz normales Kind, und man konnte sich nicht erklären, warum er sich nichts merken konnte. Eine Ritalin-Behandlung brachte keinen Erfolg.

Mitte Mai 1999 kam die Mutter mit Michael in meine Praxis. Er war damals acht Jahre alt. Nach längerem Befragen stellte sich heraus, dass die Geburt unter Lebensgefahr für Mutter und Kind verlaufen war. Vermutlich war es so zu einer Traumatisierung des Kindes gekommen.

Vor der ersten Behandlung fordere ich den Patienten immer auf, ein Bild zu malen, um ihm selbst bzw. seinen Eltern anhand eines zweiten, danach gemalten Bildes einen Erfolg zeigen zu können. Da Michael ein begeisterter Torwart war, malte er einen Fußballplatz mit zwei Toren, den jeweiligen Torhütern und einen fliegenden Ball. Das rechte Tor-Strichmännchen malte er mit der rechten Hand und das linke mit der linken Hand.

Beim Behandlungsbeginn gelang es ihm nicht, einen Punkt mit den Augen zu fokussieren, geschweige ihn zu halten. Wenn er mit den Augen einer Bewegung seitlich über die Mittellinie (die Nase) folgen sollte, krampfte er richtig und die Augen überschlugen sich förmlich. Die zur Therapie gehörigen Überkreuzbewegungen mit Armen und Beinen konnte er im Stehen nicht koordinieren und musste sie deshalb im Liegen durchführen.

Bei der zweiten Sitzung gelangen ihm schon kurzzeitig kontinuierliche Augenbewegungen. Ab der dritten Sitzung konnte er sich an seine Hausaufgaben erinnern und sie selbständig erledigen. Wenn er rechnete, schrieb er auch die Ergebnisse richtig hin. Während der fünften Sitzung konnte er mit den Augen eine liegende Acht nachvollziehen und wollte gar nicht damit aufhören. Als wir die Stunde beendeten, musste sich Michael wie wild bewegen. Erst machte er Handstände und anschließend wie wild Purzelbäume. Irgendetwas wurde frei in ihm, wie sein außerordentlicher Bewegungsdrang zeigte. Zu den nachgesprochenen Affirmationssätzen konnte er nun seine Augen ruhig von rechts nach links bewegen. Nach der siebten Sitzung konnte er auch einen Text im normalen Abstand fast fließend lesen.

Erst nachdem er mit beiden Augen fokussieren, den vorgegebenen Satz laut aussprechen und dabei die Augen ruhig hin- und herbewegen konnte, war es ihm plötzlich möglich, alles abrufen zu können, was er wusste. Er konnte dann auch einen Mähdrescher mit vielen Details malen.

Seit dieser Sitzung wurden seine schulischen Leistungen sprunghaft besser. Er schrieb in der Schule ein Diktat mit dreißig Wörtern und hatte nur drei Fehler. In der Rechenarbeit bekam er eine eins, weil sie fehlerfrei war. Michael entwickelte sich zu einem guten Schüler. Manchmal frage ich mich, was ohne die Behandlung aus diesem Kind geworden wäre. Um sich dahin zu entwickeln, brauchte er lediglich zwölf Sitzungen.

Bei einer Nachfrage am 10.11.2016, was aus ihm geworden ist, erhielt ich eine wunderbare Antwort: Nach der Schule machte er eine Lehre, anschließend die Meisterprüfung in dem Berufszweig. Zurzeit studiert er an der Universität nahe seiner Heimatstadt.

11.9 Lotte, geb. 1978, erste Behandlung 2018

Symptome: Depression und Therapiemüdigkeit

Die Patientin ist das erste von vier Kindern der Mutter. Diese war bei der Zeugung fünfzehn, der Vater siebzehn Jahre alt. Der Mutter wurde zur Abtreibung geraten, sodass der Stress während der Schwangerschaft sehr hoch war. Nach der Heirat lebten die Eltern im Hause der Großeltern mütterlicherseits.

Lotte kam mithilfe einer Saugglocke zur Welt. Sie schrie viel, und der Vater war der Meinung, dass man sie schreien lassen müsse, um sie nicht zu verhätscheln. Als sie drei Jahre alt war, ließen sich die Eltern scheiden. Die Mutter lebte zeitweise in einem Abbruchhaus, sodass der Vater das alleinige Sorgerecht bekam. Er holte das Kind ohne Vorwarnung bei der Mutter ab und brachte es zu seinen Eltern. Als er Lotte dort ohne Kommentar abgab, schrie sie ganz fürchterlich und nässte sofort ein. Dieses Bild der Verzweiflung ist immer noch tief in ihr verankert.

Im Kindergarten hatte man den Verdacht geäußert, dass sie sexuell missbraucht worden sein könnte.

Bis zum elften Lebensjahr lebte das Mädchen dann bei den Großeltern väterlicherseits. Der Großvater trank und tyrannisierte die Familie. Die Schule beendete Lotte mit der Fachhochschulreife und machte anschließend eine Ausbildung. Mit dreiundzwanzig Jahren hatte sie ihre erste Psychose und wurde seither berentet. In den siebzehn Jahren vor meiner ersten Sitzung mit ihr war sie ständig in psychologischer Behandlung gewesen.

Lotte war therapiemüde, weil keine Besserung eintrat. Dann empfahl ihr eine Freundin die Synbalance®-Therapie.

Sie kam zu mir in Begleitung ihres Lebensgefährten, sah depressiv, müde und hoffnungslos aus. Außer ihrer schlechten Körperhaltung hatte sie eine starke Winkelfehlsichtigkeit.

Nach der ersten Behandlung bemerkte sie, dass sie »normal schauen könne« und eine Last von ihr abgefallen sei. Sie fühle sich gut, aber erschöpft. Außer all den familiären Schwierigkeiten, die sie hatte durchleben müssen, hatte sie nach meiner Erkenntnis auch noch im Mutterleib einen Zwilling gehabt, der nicht überlebt hatte. Nachdem sie sich während der Therapie von der »Zwillingssehnsucht« verabschieden konnte, fiel eine Last von ihr ab.

Nach der zweiten Behandlung beschrieb sie ihren Zustand als »zuversichtlich, entspannt und rund, und irgendwie sei alles in Ordnung«.

Nach der dritten Behandlung sagte Lotte: »Besser auf jeden Fall, und alles ist weich gespült. In meinem Leben hat sich viel geändert. Ich komme besser mit meinem Lebensgefährten aus und ich bin nicht mehr so aggressiv. Alles ist viel, viel besser geworden.«

Nach der vierten Behandlung schaute sie fröhlicher aus, lachte mit mir und schien ein anderer Mensch geworden zu sein. Sie hatte auch schon kleine Zukunftspläne. »Mein Zustand ist seit der Synbalance®-Therapie wesentlich besser und es ist gar kein Vergleich mehr zu früher.«

Dies sind Lottes Bilder:

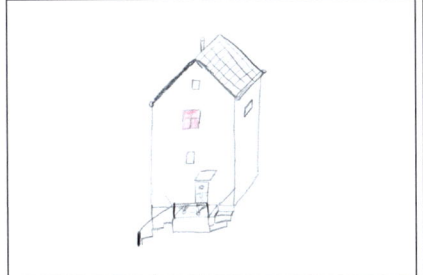

Vor der ersten Behandlung   *Nach der ersten Behandlung*

Nach der vierten Behandlung

11.10 Timo, geb. 1981, erste Behandlung 2004

Diagnose: Asperger-Syndrom

Timo ist das dritte Kind von vieren und der einzige Junge. Der Vater war sechsundzwanzig Jahre älter als die Mutter und hatte außergewöhnliche Lebenseinstellungen. Die Erziehung der Kinder richtete sich nach Regeln einer freikirchlichen Gemeinschaft – mit Strenge und körperlicher und seelischer Züchtigung.

Timo litt unter großen Ängsten und Unsicherheiten. Das zeigte sich auch, als er ohne seine Mutter in den Kindergarten gehen sollte. Nach einer Weile des Widerstandes blieb er zu Hause. Mit sechs Jahren wurde er in eine christliche Privatschule eingeschult. Ab der vierten Klasse verweigerte er völlig die Mitarbeit und wurde nach Schuljahresende von der Schule ausgeschlossen. So wurde er zunächst auf eine öffentliche, dann auf eine Sonderschule geschickt. Auch hier war eine Beschulung nicht möglich.

So endete er wieder zu Hause, und die Konflikte in der Familie eskalierten. Deshalb ließ ihn die Mutter im Alter von zwölf Jahren in die Psychiatrie einweisen. Nach einem fünfzehnmonatigen Aufenthalt kam er in ein Kinderheim. Dort blieb er selbst in den Schulferien, weil die Mutter Angst hatte, dass Timo einen schlechten Einfluss auf seine Schwestern ausüben könnte. Sowohl in der Psychiatrie als auch im Kinderheim wurde er von den Eltern nur selten besucht.

Ab dem zwanzigsten Lebensjahr musste Timo dieses Heim verlassen und bekam ein Zimmer mit Bad in einem Privathaus mit einer kleinen Betreuung, die aus Essenszubereitung und Raum- und Wäschepflege bestand. Das neue Zuhause lag in der Nähe des Kinderheims, von dem er sich nicht lösen konnte.

Zuerst versuchte man, eine Arbeitsstelle für ihn zu finden. Aber als er den Anforderungen nicht entsprechen konnte, schickte man ihn in die Werkstatt für Behinderte. Zeitgleich wurde ein Betreuer bestellt.

Im Alter von dreiundzwanzig Jahren kam er im Juli 2004 in Begleitung des Betreuers erstmalig in meine Praxis. Er war sehr ungepflegt und machte den Eindruck eines behinderten Menschen. Seine Zwanghaftigkeit äußerte sich darin, dass er nicht gewillt war, andere Kleider oder Schuhe zu akzeptieren. Die Sohlen seiner Schuhe lösten sich vom Oberleder, und eine Plastiktüte im Schuh verhinderte, dass er nasse Füße bekam. Eine weitere Zwanghaftigkeit, die er bis heute beibehält, ist, dass er seinen Tagesablauf auf kleine Zettel schreibt und diese auf einen DIN-A4-Bogen sorgfältig aufklebt.

Der Verdacht des Asperger-Syndroms (einer gesprächigen Variante des Autismus) war von einer Kinderklinik bereits im elften Lebensjahr geäußert worden. Erst 2007, also mit sechsundzwanzig Jahren, wurde ihm diese Diagnose bestätigt.

Schon nach meiner ersten Behandlung konnte man eine leichte Veränderung beobachten, indem er sein kleinkindliches Verhalten aufgab und einen altersgemäßen Gesichtsausdruck bekam. Nach einigen Behandlungen war es ihm möglich, neue Schuhe zu akzeptieren. Er nahm sein Umfeld und sich selbst besser wahr. Seine Familie sah und sieht er auch heute sehr kritisch.

Nach zehn Behandlungen bat Timo darum, mithilfe seiner Betreuer seinen Aufenthalt in der Psychiatrie aufzuarbeiten. Er erstritt mit anwaltlicher Unterstützung, Kopien der Krankenakten zu erhalten.

Wegen Schwierigkeiten mit dem Vermieter musste er 2007 und dann 2009 erneut umziehen. Dies bedeutete auch, ein selbständiges Leben zu beginnen. Er macht kleine Hilfsarbeiten bei seiner Familie und bei Bekannten. Sein Äußeres nimmt er immer mehr wahr, benötigt dabei aber Hilfe. Zurzeit hat er eine Betreuerin, die ihm sehr gut tut. Es gibt eine Haushaltshilfe, die ihm auch beim Kochen und Putzen behilflich ist. So führt er also fast ein geregeltes, auf sich selbst gestelltes Leben.

Den Tod seines strengen Vaters hat er gut verkraftet.

Jetzt, 2020, kommt er etwa alle zwei Monate in meine Sprechstunde.

Das Bild entstand im Januar 2020

Wenn man eine für Autisten geeignete Ausbildung finden würde, würde ihm das sehr guttun. Timo ist ein kluger und wissbegieriger

Mann. Er ist aber wohl nicht in der Lage, unter Anspannung mehr als vier Stunden zu arbeiten. Ich bin oft erstaunt, wie gut er Menschen einschätzen kann und wie er sich in der zwischenmenschlichen Beziehung sieht.

11.11 Elli, geb. 2011, erste Behandlung 2017

Symptom: Schulangst

Nach den ersten Herbstferien wollte Elli nicht mehr zur Schule gehen und musste des Öfteren abgeholt werden.

In der vierten Woche der Schwangerschaft hatte die Mutter Blutungen im Bauchraum gehabt, die durch Verödung hatten gestoppt werden müssen. Danach stellte man fest, dass die Schwangerschaft weiterbestand. Ab der dreißigsten Schwangerschaftswoche bekam die Mutter ein Medikament zur Unterdrückung vorzeitiger Wehen. Das Kind blieb bei der Geburt stecken, und als die Herztöne abfielen, wurde es per Notkaiserschnitt geholt.

Mit zwei Jahren bekam Elli eine Schwester und ging ab dieser Zeit in den Kindergarten. Anfangs schien es so, dass sie sich dort gut integriert fühlte, aber nach sechs Wochen wollte sie nicht mehr dort bleiben. Sie hatte keine Freunde, weil sie mehr an Erwachsenen orientiert war.

Nach der Einschulung schien anfangs alles gut zu sein, aber nach den Herbstferien wollte sie nicht mehr zur Schule gehen. Des Öfteren mussten die Eltern sie von dort abholen. Verspäteten sich die Eltern um einige Minuten, bekam sie sofort Panik.

Der erste Satz, der aus dem Affirmationskatalog über die Augen balanciert wurde, war »Ich habe die Kraft, den Halt und die Sicherheit, glücklich zu beginnen.« Die Unsicherheit im Mutterleib spiegelte sich auch im zweiten gefundenen Satz wieder: »Ich hatte das Recht, mich im Mutterleib geborgen zu fühlen.« Nicht nur durch den operativen Eingriff während der Schwangerschaft hatte Elli die erste Verunsicherung erlebt, sondern auch durch den Verlust ihres Zwillings, wie sich bei der Therapie herausstellte.

Nachdem sie sofort nach der ersten Behandlung »die Kraft, den Halt und die Sicherheit« innerlich verspürte und sich auch von ihrem verlorenen Zwilling verabschiedet hatte, konnte sie ein positives Bild malen.

Nach der siebten Behandlung sagte sie: »Ich fühle mich ganz, ganz gut im Inneren.« Sie machte einen mutigen und selbstbewussten Eindruck. Später kam sie noch gelegentlich zu mir.

Hier sehen Sie Ellis Bilder:

Vor der ersten Behandlung

Nach der ersten Behandlung

Nach der sechsten Behandlung

Nach der siebten Behandlung

11.12 Johanna, geb. 1957, erste Behandlung 2006

Symptom: allgemeine Unsicherheit

Eigener Bericht der Patientin:

»In letzter Zeit war ich innerlich mit schlimmen Gefühlen und Erinnerungen aus meiner Jugend beschäftigt. Man kann eigentlich sagen, dass meine Jugend nichts von dem hatte, was man als Kennzeichen einer Jugend im Sinne eines Entwicklungsschrittes zu einem autonomen, selbstbestimmten Leben auffassen kann. Ich war weder im Geringsten aufmüpfig, noch habe ich Forderungen gestellt, stattdessen war ich mit meinen tagtäglichen Verletzungen, meinen Sorgen um das Überleben und das der Familie beschäftigt. In einem großen Tohuwabohu mit meinen jüngeren Geschwistern habe ich meine Hausaufgaben machen und lernen müssen und keinerlei Hilfe gehabt, ja nicht einmal jemand, mit dem ich mich ansatzweise über all die bedrückenden Gefühle oder Sorgen hätte aussprechen können. Keine Anlaufstellen außerhalb unserer Familie, was meine Mutter auch nicht wollte. Sie hat alles schlecht gemacht, was als hilfreiche Alternative hätte dienen können und mir nur Angst gemacht. Ich habe mich nie willkommen gefühlt, wusste eigentlich nicht, was ›sich wohlfühlen‹ bedeutet und musste mich immer auf den größten Stress gefasst machen. An dieser Stelle könnte ich noch vieles sagen, aber entscheidend ist die Stärkung, die ich heute dank Synbalance® erfahren habe.

Ist es nicht auch eindrucksvoll, dass jemand wie ich – mit so vielen Verletzungen auf allen Ebenen – doch noch einigermaßen was geworden ist?

Aber die Sicherheit, die andere erleben konnten, habe ich nie ken-
nengelernt. Ich habe immer geglaubt, in dem Moment, wo ich mit
meinen Anstrengungen nachlasse, werde ich untergehen und dem
ganzen Stress einfach ungeschützt ausgesetzt sein.«

Die Patientin kommt seit Jahren immer wieder einmal zur Behandlung. Zuerst hatten wir angenommen, dass die Lieblosigkeit der
Mutter und die Tatsache, dass sie zu früh in ihrem Leben für ihre
Geschwister verantwortlich gewesen war, ihre Probleme verursacht
hatten. Als sie aber in 2013 in meine Praxis zur Behandlung kam,
erkannte ich, dass sie im Mutterleib einen Zwilling verloren hatte.
Mittels der entsprechenden Affirmationen erzielte sie eine Überwindung ihrer Lebensschwierigkeiten. Nach der Behandlung gefragt, wie sie sich fühle, sagte sie: »klar und erwachsen«. Ab dann
ging ihr Leben aufwärts. Sie konnte sich selbständig machen und
führt seitdem ein erfolgreiches Leben.

11.13 Fall Christiane, geb. 1969, erste Behandlung 2014

Symptom: Wochenbettdepression

Christiane wurde als zweites Kind zwei Jahre nach ihrem Bruder geboren. Der Stress der Mutter nach der Entbindung war erheblich, weil der Bruder noch ihre ganze Aufmerksamkeit benötigte. Sie war das sogenannte Sonnenkind; wenn die Eltern in ihr Bettchen schauten, schien für sie die Sonne. Dies erwähnten die Eltern stets.

Christiane wuchs in einem Geschäftshaushalt zusammen mit einem sehr anstrengenden Bruder auf. Sie hatte immer sehr viel Angst, deren Ursache sie nicht kannte.

Mit drei Jahren ging sie in den Kindergarten, musste aber wieder herausgeholt werden, weil es ihr einfach zu laut war. Wenn sie Wind ins Gesicht bekam, konnte sie nicht atmen. Sie wurde zusammen mit ihrer Kindergartenfreundin eingeschult, die ihr eine große Stütze war. In der achten Klasse zogen ihre Eltern um, sodass sie in eine andere Schule kam. Ohne ihre Freundin fühlte sie sich sehr einsam und allein. Sie machte das Abitur, studierte und führte ein erfolgreiches Leben.

Ende der neunziger Jahre heiratete sie und einige Jahre später bekam sie ihr erstes Kind. Nach der Entbindung fiel sie in eine tiefe Depression, was für sie unerklärlich war. Sie konnte zu ihrem Sohn, den sie sich so sehnlich gewünscht hatte, keine Beziehung aufbauen.

Christiane kam in meine Praxis, um diese für sie unerklärliche Traurigkeit aufzulösen. Während der zweiten Behandlung stellte sich heraus, dass sie im Leib ihrer Mutter einen sogenannten »verlorenen

Zwilling« gehabt hatte. Nachdem sie sich von diesem verabschieden konnte, beschrieb sie eine »wunderbare und kraftvolle Erleichterung«. Außerdem hatte sie unter starken Rückenschmerzen gelitten, die nach der dritten Behandlung verschwanden.

Bereits nach sechs Behandlungen fühlte sie sich wesentlich besser. Ein Jahr später bat sie noch einmal um einen neuen Termin, um sich über ihre familiären Beziehungen Klarheit zu verschaffen.

Ich bat sie, ihre Erfahrungen mit der Behandlung selbst aufzuschreiben:

»Wie versprochen, schicke ich Ihnen die Zusammenfassung meiner Empfindungen nach der ersten Behandlung:

Eine knappe Stunde nach der Behandlung musste ich mich hinlegen. In meiner Mitte fühlte es sich an, als ob ein warmer Ball Wärme ausstrahlte. Ich war so müde, dass ich die Augen schließen musste. Die Wärme ging durch den ganzen Körper. Mein Gesicht überzog sich mit angenehm warmem Schweiß. Nach knapp fünf Minuten war alles vorbei und ich fühlte mich erholt. Seitdem empfinde ich meinen Körper leichter, wie nach einer Diät. Mein Blickwinkel hat sich verändert. Alle Dinge stehen gerader. Um ›das alte Bild‹ noch einmal zu sehen, muss ich den Kopf neigen. Ich bin deutlich ruhiger und gelassener geworden. Wenn unser Sohn aufmüpfig wird, geht mir das Gequengele nicht an mein Inneres. Die Muskulatur der linken Wange, die zuvor Muskelkatersymptome zeigte, ist entkrampft.«

Hier hat Christiane – wie viele andere Patienten – formuliert, welche körperlichen Reaktionen eine Synbalance-Behandlung auslösen kann.

Nachwort

Mit dieser Veröffentlichung meiner Erfahrungen möchte ich erreichen, dass die Synbalance®-Methode möglichst häufig zum Wohle traumatisierter Kinder und natürlich auch Erwachsener von Psychologen, Heilpraktikern und anderen Berufenen eingesetzt wird.

Hildegard Diebel, im Juli 2020

Und ganz zum Schluss:

Meine Freunde, meine Familie und meine Patienten haben mich oft gefragt, wann ich endlich ein Buch über die Synbalance®-Methode schreibe. Jetzt habe ich es geschafft, und ich danke ihnen herzlich für ihre moralische Unterstützung.

Außerdem danke ich meinen Patienten, dass sie mir erlaubt haben, ihre Fallgeschichte mit den jeweiligen Bildern für dieses Buch zu verwenden.

Aber ich möchte an dieser Stelle unbedingt auch Gott danken, dass er meine Bemühungen um Hilfe für traumatisierte Kinder in dieser Weise inspiriert hat.

Das Buch wäre allerdings nicht erschienen, wenn mein Freund Lutz Unkrig nicht den Text für mich strukturiert und lektoriert, die Zitatquellen ergänzt und die technischen Details mit dem BoD-Verlag vereinbart hätte. Dafür möchte ich auch ihm herzlich danken.

Hildegard Diebel im August 2020.